아직 그 소년이 살고 있기 때문입니다

안현심 시집

문학의전당 시인선
349

아직 그 소년이 살고 있기 때문입니다

안현심 시집

문학의전당

시인의 말

맑은 물에는 고기가 살 수 없듯이
마음이 너무 맑으면 사람이 꾀지 않는단다.

더러는 걸레를 빤 물같이
혼탁해져도 괜찮단다.

그러나
오늘, 다시 생각합니다.

가려 먹고
가늘게, 오래 가겠습니다.

2022년 4월
안현심

차례

제2부

제3부

제4부

제5부

제1부

눈표범의 꼬리

저기에 한번 휘둘리면 벼랑으로 날아가 납작하게 부서져버릴 테지만

그래도
휘감기고 싶다, 내동댕이쳐지고 싶다, 굵은 꼬리에 매달려 설산을 오르내리고 싶다

송곳니보다 발톱보다

매혹적인
꼬리에
나를 걸고 싶다

붓다

히말라야를 넘나드는 눈표범이었네
잠시 빌려 입은 사람의 가죽을
햇볕에 말리는 흰 바위였네

봉우리 넘어설 때마다
낮은 바람 소리에도 귀 열게 되기를
온전히 그대와 하나 되기를

사라나무 숲에 누워
깊고 푸른 날들을 기원하다가

히말라야 봉우리
구루가 되었네

대지진

코끼리와 물소와 뱀이 지구를 떠받치고 있었지

신들의 잔치에 가려고 뱀이 자리를 비우자

산맥이 허물어지고 바다가 뒤집혔다지

시바를 위하여

칡넝쿨을 끊어내다가
날개가 꺾이고 허리가 부러졌네
늪을 빠져나오면서 어린 손을 놓치고 말았네

광활한 대지에 닿았을 때
허랑한 짐승이었네, 절룩이는 눈물이었네

허물지 않으면
새 집을 지을 수 없는 것

피 흘리는 폐허를 묵묵히 걸었네

그대, 용감한 파괴의 신이여
아름다운 생성의 신이여

---

*시바: 힌두신화에서 파괴자인 동시에 재건자이며 관능을 상징하는 신.

돌탑

귀 기울이고 있어요,
밤낮으로 찾아와 맹세하는 말

받들고 있어요,
고요한 침묵 앞에 내려놓는 말

쓰다듬고 있어요,
납작하게 엎드린 가난한 어깨

카트만두

깊푸른 하늘이 이어지던 고대의 시간
아름다운 호수가 있었지.

호수에는 벌레, 물고기, 개구리와 거북이, 물새가 살았지만 뱀이 많아서 '뱀의 호수'라고 불렸지. 하얀색, 붉은색, 노란색 연꽃이 피어나고, 왕오리, 물오리 등 새들도 살았지. 사방으로 히말라야가 펼쳐지고, 작은 돌집에서는 요가 수행자가 명상을 했지.

문수보살이 지혜의 검으로 산맥을 쳐내자
호수가 터지며 열린 초바르 계곡,
호랑이 입에서 흘러나오는 듯
바그마티 강이 흐르지.

저항하던 뱀들까지 빠져나간 분지,
카트만두는 히말을 만나려는
사람들로 출렁이지.

그냥, 꽃

이름이 생각나지 않아서
그냥,
꽃

빛깔만 선연히
하양
분홍
노랑

새벽의 끄트머리에서

얼굴이 생각나지 않아
그냥,
꽃

바람의 말

마른 땅에 파종하는 농부에게 신이 말했네
씨앗이 트겠느냐?
내일이면 새싹이 올라올 겁니다요
우리 내기할까?

신이 인드라에게
비를 내리지 말아달라고 부탁하자
개구리만 울지 않게 해주시어요
개구리는, 반딧불이만 날지 않게 해주시어요

한밤 자고 일어난 아침
촉촉한 대지에 새싹이 무성했네

씨앗의 눈이 궁금했던 농부가
한밤중에 등불을 들고 돌아보았는데
반딧불이로 착각한 개구리가 울었다네

누구도

막을 수 없는 흐름이 있다는 것
히말라야 오색 깃발이 귀띔해주네

석가모니

당신의 이름에서는
떡갈나무 냄새가 납니다

거짓말할 줄 모르고 살생할 줄도 몰라
터전을 거저 내준 석가족의 아들

당신의 미소에서는
연초록 이파리가 춤을 춥니다

순한 속눈썹이 연민하던 봉우리,
하얀 어깨가 눈부십니다

분홍 소금

들리네,
수억 년 전 파도 소리
애기 바다거북이 어미를 부르는 소리
산호초 틈새 유영하는 쏨뱅이의 노래

보이네,
어미 손잡고 가는 애기 상어
범고래에게 쫓기는 줄전갱이 떼
물살에 몸을 맡긴 해초들의 춤사위

기억하네,
분홍빛 결정으로 솟아오르기까지
태곳적 먼먼 바다 이야기

춤추는 시바

일으키고 소멸시키는
시원(始原)의 춤사위가 있어요

삼지창 휘두르면 용암이 솟고
바다를 뒤집어엎는 소용돌이가 일어요

시바의 궁전에서 일어난 회오리가
늙은 생각을 허물어요

극단적인 두 얼굴을 동시에 투사하며
광기조차 신비롭게 현현하는 춤

무표정한 얼굴로 무심하게 움직이는

저,
손짓 발짓

박타푸르의 성인식

산맥을 오르내리며
눈을 밝힌 염소야

네와르 용병의 날 선 칼날이
모가지를 벨 것이라는 걸 알고 있었느냐

아이를 어른으로 성장시키기 위해
칼리 여신이 너를 원한다는 걸

머리통은 신전에 바쳐지고
창자는 신상(神像)의 목걸이가 되었구나

북 치고 피리 불며
붉은 행렬이 몰려나올 때

알고 있었느냐
산 채로 모가지가 베일 것이란 걸

데비폭포

난다데비 여신의 늘어뜨린 머리칼처럼

은빛 숨결 가닥가닥 반짝이더니

어머니의 강, 갠지스를 지었네

히말의 소리

빙하가 미끄러지는 소리일까
땅덩어리가 부딪치는 소리일까
꽃이 피어나도록 나팔고둥 불어주는 소리일까
이쪽과 저쪽 봉우리에서 주고받는 기도 소리일까

수행자의 명주 수건이 피리를 불면
얼음 주름 타고 내려와
야생화 볼을
쓰다듬는
바람,

들리는 듯 마는 듯
웅얼거리는
설산의
소리

굴참나무

너는
지상을 유영하던
혹등고래

바람이 지날 때마다
휘파람을 잘도 불더니

등허리 달라붙은 따개비처럼
우툴두툴한 이끼를 덮어쓰고 있구나

운장산 골짜기
오래된 바다에서

늙은
휘파람 소리
아장아장 헤엄쳐 온다

산을 추행하다

산길에서
훌쩍거리다가

코를 팽 풀고는 떡갈나무 허벅지에 손가락을 문질렀다, 청미래 입술을 만지작거렸다, 억새 머리칼을 휘어잡았다

저,
엉큼한
손가락 좀 보아

밤나무 꼭대기에서 청설모가 째려본다
예각으로 내리꽂히는 햇살,
까마귀가 짖어댄다

덤불 속에서
울새가 웃는다

새벽에 쓰는 시

태아처럼 오그리고 누웠어요
이불 속 온기가 양수처럼 따뜻해
몸뚱이를 천천히 뒤척였어요
다리에 이불을 감고 얼굴을 파묻자
달착지근한 살 냄새가 후각을 적셔왔어요

눈뜰 생각이 없는
캄캄한 새벽,

가장 깊은 어둠을 찍어
한 땀 한 땀 시를 써 내려가는 당신

저 깊은 혼돈을 밀어 올리는
하얀 목덜미가 보이네요

아, 좋아요

제2부

안나푸르나

금강석처럼 빛나는 얼굴,

사랑의 화살은 단번에 심장을 관통하고 말았네
내 순수는 그대와 하나 되길 망설이지 않았네

군중 앞이거나
저잣거리를 떠돌 때도 오직 그대뿐
방랑벽은 돌올한 지성 앞에 무릎 꿇고 말았네

내면 깊은 호수에서
환희를 길어 올리는 안나푸르나여

그대를 만나지 못한 나날
들개처럼 떠돌았네, 바람둥이였네

방랑자

애초에 바람이었네

인간의 옷을 빌려 입은 채
말을 익히고 아이도 키웠으니
이제 옷값은 치른 셈이네

신을 만난다는 건
길모퉁이 쪼그려 앉은
낡은 신발을 찾아내는 것

모난 돌멩이 속에 신은 앉아 있었네
한 모금 찻잔 속에서 흰 이마를 보여주었네

빈 몸뚱이로 찾아든 갠지스 강가
다시 바람으로 돌아가게 되기를
움막에 누워 기도하네

꽃의 골짜기

눈바람 불어 닥쳐
반듯이 설 수 없지만

옆구리에 바람의 길 스스로 열어주며
키를 낮춘 풀이 있어요

눈 이불 덮고 추위를 견디다가
태양이 머리맡에 두레박을 내리면
손가락 발가락을 꼬물거렸지요

식물이 살 수 없는
수목한계선

이마를 땅에 댄 채
손톱만 한 풀꽃이 피고 지고 있어요

고피들의 달빛 애인

숲속에서 흘러나오는 피리 소리가
수련 향기처럼 잠 속으로 스며들자
고피들은 감미로운 손에 이끌려 집을 빠져나왔네

연잎같이 생긴 당신의 손을
우리의 가슴에, 머리에 놓아주십시오

하늘에서 큰북이 울리고
꽃 소나기가 떨어지기 시작했네
크리슈나가 흰 손으로 볼을 만지자
고피들은 주술에 걸린 듯 눈을 감았네
다투어 그의 목에 팔을 감고는
딸랑거리는 팔찌 소리와 함께 춤추기 시작했네
정연한 발걸음, 우아한 손동작, 요염한 눈썹,
흘러내린 머리타래, 뛰어오를 것 같은 가슴,
고피들은 옷섶을 풀어헤친 채 노래 불렀네
크리슈나가 한 고피의 허리를 감싼 채
다른 고피에게 입을 맞추자

그녀의 아랫도리가 환희로 들떴네

춤이 광란에 이르렀을 때
크리슈나가 갑자기 사라졌네
고피들은 숲속을 찾아 헤매며
포도나무와 새, 꽃들에게 행방을 물었네

여기에 크리슈나의 발자국이 있다
근데, 작은 발자국이 하나 더 있네?
작은 발자국이 계속되지 않는 걸 보니
그녀를 안고 간 것이 틀림없어
여기서는 꽃을 따려고 내려놓았을 테고
꽃으로 그녀의 머리를 땋아주었을 거야

그녀는
누구일까, 누구일까?

---

* 『바가바타 푸라나』에서 크리슈나는 사랑의 기술자로 등장하는 주이며, 고피는 그를 따르는 여성을 말함.

비슬산(琵瑟山)

조막손 떼어놓고 올라오는 너덜 길
눈물이 말라붙어 버짐이 피어났어요
혼자서 기어오르는 새털구름처럼
가쁜 숨 끌어안고 오르다 보면
잔잔한 마음자리 기다리고 있을까요
선한 얼굴 들어놓고 망상을 닦다가도
문득문득 물들어오는 핏줄에 대한 그리움
동그란 눈망울이 안겨들 때면
비파 소리처럼, 거문고 소리처럼
엎드려 울었어요

머리카락 밀던 날
구슬피 울던 푸나무처럼

백악기 바위 벼랑에 바람 스칠 때마다
나지막이 쓰러져 우는
비슬의 현(絃)

바우어 새

꼬챙이 물어와 서까래를 이고
색색의 열매와 딱정벌레 등껍질같이
반짝이는 것들을 물어다 신방을 장식한 후
쪼그라든 열매, 시든 잎을 내다버리며
짝짓기에 목숨을 거는 수컷 바우어 새

마당을 쓸다가도
암컷의 발자국 소리 가까이 들려오면
방 안에 숨어 사랑가를 부르지요

나는 최고의 건축가
사랑의 기술자

바리톤으로 감성을 자극하다가
벼락같은 소리로 용맹을 과시하기도 하지만
짝짓기가 끝나면 그뿐,
다른 암컷을 찾아 떠나는
바람둥이 새

둔황, 사암 기둥

너는 왜 삐딱하게 서 있니?
너는 무엇을 그렇게 골똘히 생각해?
너는 울고 있구나?

저마다
사연을 안은 채

사막바다에 떠 있는
등 굽은 사람들

남자와 마늘

마누라가 싸움을 걸어오면
남자는 말없이 나가 마늘을 사왔다
맞받아 싸울 수도 누워 잘 수도 없을 때
벙어리처럼 앉아 마늘을 까는 것이
최적의 도피 방법이란 걸
그는 안다

바랜 뇌에 입력된 손놀림을 반복하며
생각 없는 듯 생각을 좇아가는
긴긴 수행의 골짜기

뮛등같이 구부린 어깨 위에서
창백한 나비 한 잎
팔랑거렸다

찔레꽃

보쌈당해
오두막에 갇힌 여인,
밤 도둑질이 시원찮은 날이면
사내는 막무가내로 분풀이를 해댔지

술에 흠씬 젖어
사냥총을 겨눈 봄밤,
여인은 맨발로 도망쳐 나와
가시덤불 그늘에서 까무러치고 말았지
차가운 총구와
울울한 산의 공포에 눌려
영영 눈뜨지 못한 자리,
찔레꽃이 피어났지

육십령 고개를 넘을 때마다
가시덤불 속에서
눈물방울 반짝이던 너

내 몸 비탈에서도
무더기무더기,
찔레꽃이 피어났지

무스탕 왕국

오르막길을 오르는가 보다
숨소리 거칠게 불어 닥치는 바람

모래바위 뼈다귀만 층층이 남긴 채
빗금으로 새겼네,
하늘의 말씀

사람도 가축도
부처를 품고 사는

히말라야 겨드랑이 속
바람의 나라

소금 짓는 여인

옌징에는
소금밭을 일구는 여인이 있어요
열두 살 때부터 소금물을 길어 올려
얼기설기 지은 소금밭에 부었다가
바람과 햇볕이 빚어놓은 결정을 거두느라
통나무 계단을 오르내리는 여인,
산맥 너머는 꿈꿔본 적도 없이
소금밭이 삶의 전부였지요

복숭아꽃이 산자락을
물들여오는 봄

도화(桃花) 소금이 만들어지면
그때서야 한번 웃지요

까만
볼웃음

겨울 호수

얼음장 결이
저리도 아름다운 것은
붕어의 사랑놀이 때문일 거야
지느러미 활짝 열고 그녀에게 달려갈 때
뜨거운 숨이 물낯으로 솟구쳐 올라
대리석 무늬를 만들었기 때문일 거야
절정의 봉우리에서 파닥거릴 때
숨찬 고백이 전율하는 목숨을 그렸을 거야

얼음에 반사되는 빛 알갱이
윤슬을 부수며 미끄러지는 큰고니 한 쌍
물살을 끌어당기는 알락오리 떼

겨울 호수는 눈뜨고 있었네,

견고하게 빛나는
푸른 고독

자연을 들이다

몸뚱이가 근질거리더니
살갗을 뚫고 연두가 고개를 내밀었어요
바람은 겨드랑이 깃털을 부풀렸지요
분홍, 하양 꽃들이 지천으로 피어나
온몸이 꽃밭이 되어버렸어요
가슴패기에 물이 차오를 때쯤
초록도 점점 짙어갔지요
어제는 팔다리에 단풍 들더니
사그랑사그랑 가랑잎 구르는 소리가
귓구멍에 똬리를 틀었어요
폭설이 시시때때로 차오르기 시작하면
안나푸르나 봉우리에서
하얀 장엄을 내려다보았지요

그때부터였을까요
몸뚱이에서 계절이 피고 진 것이

아버지의 청국장

어매는 호야를 밝히고 새벽밥을 지었네
언 김치와 숭늉을 곁들인 소반을
새끼들이 자는 이불을 밀치고 내려놓았네
후루룩 후루룩, 청국장을 넘기는 소리,
어쩌면 저렇게 달게 드실까
자는 척 숨죽이며 생각했네

단단히 매세요,
어매는 돈뭉치를 보자기에 말아
지아비의 허리에 둘러주었네
켜켜이 껴입고 겨울바람 속으로 사라지는 모습을
지켜보던 한숨이 파르르,
아랫목으로 파고들었네

큰돈은 마지막 밭뙈기를 판 것이었네

전장에 나가듯
결연히 들이키던 아버지의 청국장,

그 울컥함으로

나도 청국장을 먹네

어미 낙타에게

왜
새끼에게 젖을 물리지 않느냐?

산통으로 쓰러졌을 때
모래바람이 눈이라도 찔러대더냐
눈표범이 호시탐탐 노리기라도 하더냐

네 슬픔 끌어안고
마두금을 연주할 테니

아픈 맘을 돌려다오,
어미 낙타야

어미

비탈을 헤집는 산짐승처럼
일곱 자식 굶길까 봐 죽을 둥 살 둥
밭고랑을 파헤치던 맨 손발톱

비칠비칠, 어기적어기적
기역자로 굽은 허리
땅바닥을 긴다

저
늙은 거미

반듯하게 웃어본 날
있기나 할까

늙지 않는 꽃

일터에서 터벅터벅 돌아올 때면
시내버스 정류장에서 기다리고 있다가
아이스크림을 내미는 지아비가 있었다지

냄비 밥을 지어놓고
한술 권하던 사내가 있었다지

오늘도 고생했소
소주 한 잔 마시고 푹 쉬소

그 사내 떠나보내고,

늙지 않는 꽃
홀로 빈집 지키고 있다지

제3부

삐딱하게 보기

지구가 23.5도 기울어
바람이 불고 사계절이 있듯
삐딱하게 바라보아야 네 발꿈치 보인다
바로 보았을 때 둥그렇던 얼굴이
올려다보면 파르르한 코스모스
고요한 뜨락에 엎드린 바람자락 보이고
참나무 껍질 속 사슴벌레가 보인다

삐딱하게 보기,
기울어져 보는 것은
어제 같은 오늘이 아니라
전혀 다른 내일을 생성하는 것

황무지에
배롱나무 한 그루
키우는 것

연둣빛

아이가 병아리를 사왔다
정성들여 키웠지만 죽고 말았다
빳빳하게 굳어버린 사체를
아이는 울며불며 못 버리게 했다

도회를 빠져나온 산자락에서
병아리 장례를 치러주자고 했다
마지못해 머리를 끄덕이던 아이가
너울너울 울음보를 터뜨리고 말았다

어른들은 모른다,

어린 왕자 속에 숨 쉬는
연둣빛 연민

길들인다는 것

너는 강 건너에 서 있었고
나는 이쪽 언덕에서 바라보았지

손을 내밀었을 때 너는 뿌리쳤지
다섯 밤이 지난 후 다시 내밀었지
손을 허락하자 이번엔 입술이 먹고 싶었지

하나밖에 없는 우리가 되었을 때

투덜거리는 입술
허벅지 점까지도 사랑스러운 것은
길들인 시간에 대한 선물이지

시골여인숙

식모살이하다가
바깥주인과 눈 맞아 쫓겨난 어미,
여인숙에서 자고 일어난 아침
데리러 올 테니 다른 곳으로 가지 마라
쪽지 한 장 남겨놓고 도망가 버렸네요
잔심부름하며 기다리는 틈틈이
나루터를 서성였어요
돌아올 때도 어미는 분명
나룻배로 올 테니까요

풍각쟁이가 부엌데기 영자를 꾀어 달아나고
술집 작부가 주정뱅이와 뒤엉키는 것을 보면서
이렇게는 못살겠어요
이제, 넓은 세상으로 나가야겠어요
어미는 나를 잊은 게 분명해요

여인숙이 바라다 뵈는 노루목나루

반짝반짝 손 흔드네요,

미루나무 잎

---

*김원일의 소설『시골여인숙』을 인유했다.

열다섯 살

참꽃 어우러진 앞산을 바라보면
쪽지 편지에 사춘기 실어 보내던
열다섯 살 소년이 보입니다

소쩍새는 밤새 피 토하듯 울어대고
달이 흐르는지 구름이 흐르는지
하늘을 둥둥 떠다녔습니다

열다섯 살,
마술에 걸린 분홍의 계절

내 생이 아름다운 것은
아직 그 소년이
살고 있기 때문입니다

이월

갓난아기 옹알이 들리는 듯
젖내 묻은 조막손이 보이는 듯

마른가지 끝
반짝이는 빗방울

수묵으로 안개를 붓질하는 산
부풀어 오르는 도랑물

돌멩이 속 가재도
빗장을 푼다

꽃잠

참꽃을 한입 우겨넣으면
꽃물 들었지
보랏빛

능선을 달리다가
팔베개하고 하늘을 보면

너럭바위에 차오르던
분홍, 분홍

스르르
눈이 감겼지

꽃잠, 이었지

작은 평화

귓불을 살살 주물러주면 엄마 머리칼을 쓰다듬다가 단내에 묻혀 잠드는 아기

아가의 잠은

두렵지 않은
작은
평화

아빠

사랑해본 적이 없어요
섹스가 무엇인지도 몰라요
그러면서도 새끼는 많이 낳았죠

더 이상 임신하지 못한다고 버려진 봄날,
꽃 같은 사람이 데리러 왔죠

그때부터
나는 봄이가 되었어요

우린 상처를 핥으며 아픔을 나눴지요

나는, 그분을 아빠라고 불러요

참꽃

가시내야,
산골짝 바위틈에 숨어 핀 가시내야

그리워서 먹었지
보고 싶어서 먹었지

오늘도 허기진다,

맨발로 지쳐온
비탈에
서서

늙은호박고지 황석어젓갈 무침

마늘과 풋고추를 넣고
무쇠 밥솥에 쪄먹던 젓갈 맛이 그리워
푹 삭은 황석어젓갈을 사왔어요
대가리는 떼어내고
먹기 좋게 썰어 양념해 무쳤는데
진저리치게 짜네요

늙은 호박 말려둔 게 생각났어요
팔팔 끓는 물에 호박고지를 살짝 데쳐
젓갈과 다시 버무렸지요

근데 말이에요,
황석어젓갈무침이 아니라 늙은호박고지무침에서
황석어가 조연이 되어버렸어요
황석어 국물을 뒤집어쓴 늙은호박고지,
씹는 맛이 쫄깃쫄깃 살캉살캉했지요

돌연변이는

늘 바위 벼랑 옆구리에서
태어나는가 봐요

시시(詩詩)하다

늙은 시인이
시를 쓰고 싶다는 말을
시시(詩詩)하고 싶다고 말했어요

나도 이렇게 말해볼까요?

시시하고 싶어요
시시할래요

푸른 물결이
일시에 출렁이네요

봄이

봄아,
주먹만큼 작은 봄아,
아리잠직한 얼굴이 죄가 되어
뜬 장에 갇힌 채 새끼만 낳았구나

땅에 발 디뎌보지 못한 채
줄줄이 낳은 새끼들은
어디로 보냈니?

풀밭에서 뒹굴기를 유난히 좋아하고
바람 가르기를 좋아하는 이유를
이제야 알겠구나

새까만 눈망울이
머루 같은
봄아

어린 왕자

비행하다가
우박이 떨어져 날개가 부러지면
비상구를 열고 사뿐히 뛰어내릴 거야

구름덩이에 올라가 팔베개하고 누워
살포시 한잠 자는 동안

구름은 북극으로 흘러
순록을 만나게 해줄 거야

빙하같이 맑은 눈을 연민하는 동안
추락한 비행기 따윈 잊어버릴지도 몰라

기억의 방에서
장미는 끝없이 피어나겠지

아파트 설산

도솔산 봉우리에서 건너다보면
나뭇가지 틈새로 아른거리는 콘크리트 설산산맥
만년설 뒤집어쓴 빙벽 동굴에는
영하 50도에도 얼지 않는 사람들이 사네
눈뜨면 사냥터로 우르르 나갔다가
해질녘이면 동굴로 기어 들어와 속옷만 입은 채
노래하고 술 마시고 책을 읽는다는
21세기의 눈사람

붕락하지 않는 빙벽,
그들의 동굴은
튼튼하네

여자의 동굴

가랑이 사이
은밀한 동굴로 대가리 들이밀면
태초의 폭발로 생성된 몽글몽글한 진흙구렁

미끌미끌하고 보들보들한 것이
아기에게 젖통이 맡기고 잠들어버린
젊은 어미의 허벅지처럼

들어앉아 놀기에
터무니없이 아늑한

제4부

아버지의 쑥

달빛에도 목이 마르는
윤사월
봉분

마른 흙을 뚫고
아장아장 걸어 나온 애기 발가락,
피우지 못한 이데올로기가 짱짱한 쑥으로
돋아났네요

진달래 핏빛 물든 산자락에서
반듯한 이마로 잠든
아비여

이 쑥국을 끓여 먹으면
당신의 신념을 만질 수 있을까요

어린 아들에게 해주고 싶었던
꽃자루 한 마디 들을 수 있을까요

딸에게

아비하고 갈라설 때
어린 네가 불쌍해서 많이 울었지

노 저어갈 때마다 아비 없는 설움으로 엎어질까 봐 장작불에 데는 듯 쓰라렸지만, 이기고 섰을 때 빛나는 사람은 아프게 자란 네가 될 것이란 걸, 삶을 헤쳐 가는 지혜도 네 것이란 걸,

어미는
믿고 또 믿었지

가시밭길을 걸어온 사람
울울한 숲에서 길을 찾은 눈망울이
진정으로 아름답다는 걸

어미는
알고 있었지

남방큰돌고래

해적선에서 뛰어내린 아리온을
업어서 살려냈듯이

놀이도 끼니도 포기한 채
새끼의 주검을 띄워 올리지만
자꾸만자꾸만 미끄러지는 아가야

포기할 수 없는
어미의 노랫소리 들리지 않느냐

돌기를 빛나게 하는 음유시인의 노래,
리라를 타는 손가락이 보이지 않느냐

숨을 쉬어라
내 아가야

섬말나리

울릉도 날망 나리분지엔
섬말나리가 지천으로 피었다는데
나리 닮은 가시내도 살고 있었을라

볼떼기에 주근깨 꼭꼭 찍은 채
나물 망태기 짊어지고 알봉을 오르내렸을라

육지에서 날아드는 욕망 덩어릴랑
바닷바람에 날려 보내고
화산섬 아늑한 분화구에서
하늘 바다 향기 피워 올렸을라

산마늘, 눈개승마와 동무해
그 가시내 지금도
눈이 맑을라

꽃 도둑

양귀비 입술을 훔쳐 겨드랑이에 감춰두었다가

잠 안 올 때마다 쓰다듬고 어루만졌어요

양귀비야, 날 좋아한다고 말해줘

허락받지 않고 훔쳐왔지만

도망가지 말아줘

까꿍

아기에게
사랑한다, 예쁘다고 말하고 싶을 때

해맑은 눈동자 들여다보며
엄마 아빠도 까꿍, 할머니 할아버지도 까꿍
언니 누나도 까꿍

무슨 말인지 모르면서도
아가는 화들짝, 까르르까르르

말 이전의 말, 말 이전의 사랑

맨 처음의 시니피앙
까꿍, 까꿍

메밀잠자리

허물어진 절터에 앉아 울고 있을 때
천 길 눈물샘을 들여다보려는 듯
메밀잠자리가 나지막이
날고 있었지

메밀잠자리 노란 날갯짓처럼
어지러이 따라 돌던
산 그림자

그날, 돌무더기에 앉아 울던
어른아이처럼

장마가 쓸어내린 강 언저리,
메밀잠자리 쓸쓸히 날고 있네요

잠의 능선
—고령 지산리 고분군

잠이 옵니다
자꾸자꾸만 잠이 옵니다

대가야가 잠든 능선에서
고대의 연못으로 빠져듭니다

왕의 무덤에 순장되었다가
환생의 강물에서 노 젓는 귓바퀴에
대장장이의 망치질 소리가 들려옵니다

엿가락처럼 철(鐵)을 벼리던 장인의 숲에서
나긋나긋 휘어지는 잠

별자리 베고 누워
구만리 하늘을 걷습니다

비밀

엄마가 알몸으로 돌아다니는 것, 밥 지으며 노래 부르는 것, 책을 읽다가 눈물 흘리는 것, 멋진 남자와 뽀뽀하는 것, 그의 팔을 베고 잠자는 것,

보기만 하고
말하지 않았어요

봄이는
비밀을 잘 지키는 강아지거든요

혼불

난간을 날아올랐어요

콘크리트 바닥에서 피투성이가 되었을 때
죽음의 그림자가
부드러운 입술로 키스해 왔어요

관자놀이를 타고 흐르는 눈물,
체념한 하늘에
별이 총총 빛났어요

벼랑 끝에서 받아들이는
감미로운 슬픔

빠져나간 영혼이
허물어진 몸뚱어리를 연민했어요

거꾸로

늘 다니던 동네 산길을
오늘은 반대쪽에서 올라왔더니
몸뚱어리가 볼멘소리로 말했어요
주인님, 이쯤에선 발걸음이 날랬는데
비탈이 가파르고 바람 알갱이가 거칠어
숨이 차고 다리가 후들거리네요
몸뚱어리에 기억된 근력의 지도를
바람이 흐트러뜨렸나 봐요

익숙하다는 건
눈감고도 걸을 만큼 단순해지는 것
가쁜 숨 몰아쉬지 않고 비탈을 넘는 것

보이네요,

거꾸로 가는 산길에서
뒤태가 오동통한
하얀 궁둥이

십이폭포

네 발로 자갈밭을 기는 동안
알게 모르게 젖어든
얼룩

쓸쓸히 흐르는 머리칼이 보이고
머리카락 끝에 매달린
죄가 보이네

바위 등을 흘러내리는 물
물낯에 어린 까만
눈망울

아, 아프네요,
탁 트인
하늘

영동할매

음력 이월에는
영동할매가 오지

며느리를 데리고 내려올 때는
냉이 캐는 아이들 손등을 트게 하고
치맛자락 뒤집어 올리는 회오리바람을 일으켰지
눈보라를 몰고 와 꽃망울을 얼리고
장독대 항아리를 얼어터지게 하다가도
딸과 함께 내려올 때는
훈훈한 봄을 열어주었지

변덕스런 입술에게
어매는 버릇처럼 말하곤 했지

영락없는
영동할매랑께!

입술

바람 스칠 때마다
소금기 말라붙어 육각으로 갈라진다

각질 뜯어내고
빙하 녹은 물을 머금어보아도
사막 바람 몰아붙이면 금이 가고 만다

몸뚱어리 속 바닷물이
태양을 숭배해 기어오르는 한

내 입술은
우유니사막이다

봄이의 노래

굴렁쇠가 구르는 듯
식탁 아래서 노랫소리 들려요
큰소리로 짖으면 혼날까 봐
발부리에 쪼그려 앉아 연민을 불러일으켜요
엄마가 좋아하는 곡조를 알아챘는지
코맹맹이 소리로 나직나직 속삭여요
짖기만 하는 줄 알았더니
사람의 말 가락으로 시를 읊네요

엄마, 고기 한 점 더 주세요
삼겹살 냄새가 뭉텅뭉텅 흘러들어
참을 수가 없어요

어서요
엄마

시(詩)를 파는 여자

어둠이 내리는 시간
찰방찰방, 시린 강물로 발을 내딛는 여자가 있어요
가방에 시(詩)를 차곡차곡 쟁여 담고는
다녀올게요, 내 사랑, 손을 흔들며
바람 속으로 빨려 들어가는 여자가 있어요
노루 꼬리보다 짧은 동짓달 하루해,
문고리 걸어 잠그고
고구마 통가리 속 생고구마나 우걱우걱 깨물며
잉카의 왕자를 읽고 싶지만
찬 도시를 가로질러 달리는 여자가 있어요

잠속 나라를 몇 바퀴 돌았을 즈음
황소바람 매달린 코트 자락 여미며
현관문을 들어선 여자,

메고 온 보따리를 풀자
언 별이 와르르 쏟아졌어요

제5부

거리 두기

멀찍이 서서
눈시울만 익히기로 하자

너는 저만치
나는 이만치

그리움으로 피고 지는 목화솜구름처럼

옆구리 비비는 억새밭에서
섬진강을 감아 도는 모래톱에서

나는 운장산 봉우리에
머무는 바람

너는 피아골 너럭바위를
흐르는 물

교황의 광장

코로나19 바이러스가 고대도시를 휩쓸어
그림자도 얼씬거리지 않는
성베드로 광장,

하얀 수단이
빗물에 젖어 울고 있어요

하느님, 그만 노여움을 푸소서
땅을 파헤치고 쓰레기를 뱉어낸 죄
마구잡이로 잡아먹으며 쾌락을 좇은 죄

알고 있나이다, 알고 있나이다

저희를 돌풍의 회오리 속에
버려두지 마소서

슬픈 역설

하늘이 맑아졌어요
계룡산이 훤히 보여요

코로나19 바이러스가 도시를 휩쓸자
빈 거리에 퓨마가 활보해요
여우가 돌아왔어요

빼앗긴 땅을 되찾았다고
새들은 목청 높이 노래 부르고
강물도 푸르게 내달려요

잉카의 얼음 소녀

안데스산맥 구덩이에
열다섯 살 소녀가 웅크리고 있었어요

얘야, 괜찮니?
어서 일어나 보렴

손을 내밀자 차디찬 얼음덩어리였죠
오백 년 전처럼 탱글탱글한 볼,
심장에는 서너 방울 피도 눈뜨고 있었어요

희생 제물로 점지된 날부터
옥수수와 고깃덩이로 호강했지요
술과 약물에 젖어 몽롱하게 웃었을 뿐
거둬질 목숨이 두렵지도 않았어요

사람들은 어린 나를 깨끗하다고 했지요
천만년이 흘러도 오염되지 않을 순수,
그래서 오래오래 쭈그리고 앉아

기도하기로 했어요

저, 아직 괜찮아요

봉화산 마애불
—故 노무현 대통령을 추모하다

부엉이바위 난간에서 질곡의 강을 내려다보았네

슬퍼하지 마라, 미안해하지도 말고
누구도 원망하지 마라

삶의 꼬리를 밟고 서서
영원한 잠 속으로 날아올랐네

봉화산 중턱
바위틈에 처박힌 마애불,

심장은 여전히 뛰고 있었고
누운 미소는 자애로웠네

---

*봉화산 마애불: 암벽에 조각된 석불좌상이 떨어져 나와 산중턱 바위틈에 비스듬히 누워 있다.

독도

사백오십만 년 전
태백산 자락에서 헤어진 얼굴,

햇살이 내준 만큼의 만남이지만
너무 울지 말아요

우리의 뿌리는 물밑으로나마 이어져
간절히 원하면 손잡을 수 있잖아요?

동해 멀리멀리
홀로 서 있는

내 아름다운
사람아

요강

아흔 살 할머니는
요강에 똥오줌을 누었지요
손녀는 아침마다 요강을 들고 나가
바깥 화장실 항아리에 쏟아붓고는
개울로 가 깨끗이 씻어 왔어요
똥물이 남실남실한 요강을 들고 나갈 때마다
손가락을 담그지 않으려고 조바심했지만
여지없이 젖어버리곤 했죠
아침밥을 짓는 어미를 대신해
못하겠다는 말 한 마디 없이
요강을 씻어오던 소녀,
주검 냄새 난다고 다들 코를 틀어막았지만
할머니 곁에서 듣는 소쩍새 울음소리는
소녀를 참꽃 동산으로 데리고 갔죠
은발의 할머니가 두런거릴 때마다
주저리주저리 피어나던
분홍빛 전설

가슴이 쿵쾅거려
소녀는 늘 웃고 살았죠

싸리나무골

싸리나무가 많아
싸리나무골

싸리나무골 가시내는
소쩍새 울음 섞인 보랏빛 얼굴

싸리나무 옷장을 지고 시집간 산모롱이
싸리 잎 노랗게 물들어갈 때

외동딸이 올까올까
목이 긴 어미,

단풍 시들어도
발걸음 없이

눈물방울만 그렁그렁
떨고 서 있네

쓸쓸히

소풍 가는 날
아무것도 가져갈 것이 없어
학교 가기를 포기했다는 머슴애와

가져갈 것이 없으니
소풍 가지 말라는 어미를 따돌리고
도망치다가 붙잡혀온 가시내가 있었지

마른 도시락 하나
마련하지 못한 가시내와 머슴애가

이순(耳順)의 강을 건너
쓸쓸히, 쓸쓸히
마주 보았지

강강술래

토벌대와 빨치산은
한솥밥을 먹고 자란 형제였다지
형은 수염이 덥수룩한 산짐승이 되어
나 좀 살려주게, 애원했지만
동생의 총구가 머리를 겨눴다지

큰곰뱅이 번개바위 자락에 가면
아름드리 죽은 나무가 모로 누워 있고
바위틈에는 주인 잃은 군화가 나뒹굴었지

산도라지 캐러 너덜겅에 갔다가도
말라비틀어진 주검이 발부리에 차이면
나물 망태기 내팽개치고 내달려 왔지

낯선 산속 바위틈에
고꾸라진 이념,

비가 오거나 우중충한 날이면

뼛조각끼리 얼싸안고

강강술래를 한다지

최 보따리

이 보따리를 지고
높이, 멀리 날아가거라

무지렁이 최시형은
스승에게 책 보따리를 유산으로 받았지요

보따리 속 참 말씀을 외우는 중에도
멍석 짜는 손놀림은 멈추지 않았어요

한울님은 쉼이 없었느니라
흘러가는 구름, 나풀거리는 잎사귀
생성하고 소멸하는 우주 율동이
쉬지 않고 일하는 한울님의 손짓이라,

멍석장수도 한울님이 되는 길이
보따리 속 행간에 부릅뜨고 있었지요.

---

*최 보따리: 『동경대전』과 『용담유사』를 늘 지고 다닌 최시형의 별명.

문바윗골

밤재로 이어지는 긴긴 골짜기
웅숭깊은 울림통에서 귀 기울이면
관군의 먼 발자국 소리 들을 수 있고
문바위 밖 들머리가 한눈에 보였다죠
이마에 황토 수건 질끈 동여맨 채
부조리한 세상을 뒤엎고자 모여든 농투성이들
무기라곤 곡괭이와 창칼밖에 없지만
주린 배 움켜쥐고 훈련을 하다가
너럭바위에 모여앉아 평등한 세상을 얘기했다죠

그날의 짚신자국을 따라 걸어요
이끼 낀 바위를 딛고, 고목을 끼고 돌다가
실개울에 엎드려 귀 기울여요

동백꽃처럼 지던 목숨
동학농민군의 핏물 든 무명적삼을
너는 기억하고 있느냐,
늙은 느티나무야

당신의 혁명

깡마른 얼굴에
천리를 꿰뚫을 듯 형형한 눈빛,
홑바지저고리에 짚신을 신은 채
산길로, 산길로 쫓겨다녔지요

실패할 줄 알면서도 버리지 못한 신념
하늘이 곧 사람이란 말,
아내와 자식을 내어주면서도
포기하지 않은 이유는 무엇인가요

혁명의 정신은 내리 이어져
실패하고 실패하면서도 끝내 일어서
자유와 평등을 부르짖는 소리,
멈추지 않네요

당신의 혁명은
실패하지 않았군요

해설

구도자의 언어와 불확정성의 아이러니

황정산 시인·문학평론가

1. 들어가며

흔히 시를 '새로운 언어'라고 정의한다. 틀린 말은 아니다. 우리의 언어는 일상어의 상투적 의미에 오염된다. 이 상투적 의미는 우리의 생각까지 상투적으로 만들어 결국 인간과 세상의 본모습을 은폐하고 선입견이나 편견으로 그것들을 바라보도록 우리를 세뇌한다. 시인은 언어를 통해 이 고정관념을 깨는 사람이다. 그러므로 언어가 가진 낡은 옷들을 벗겨내고 항상 언어에 새로운 의미나 정서의 옷을 입히려고 한다. 시가 새로운 언어인 이유가 바로 이런 것이다.

하지만 새로운 언어로서의 시를 추구하다 보면 시인들은 종

종 갈 길을 잃는다. 무엇을 위한 새로움인지를 자각하지 못한 채 언어의 낯선 숲속을 헤매기 때문이다. 난삽한 산문으로 자연스러운 우리말의 리듬을 파괴한다고 해서 또는 구어와 일상어를 과감하게 허용해서 기존의 시적 표현에 균열을 일으킨다고 해서 이런 새로움이 모두 시적 성취를 보장해주는 것은 아니다. 언어의 새로움을 넘어 시는 그 어떤 무엇을 가지고 있어야 한다. 그런 의미에서 시란 언어의 새로움을 통해 도달해야 할 그 어떤 무엇을 찾아가는 구도의 길이라 할 수 있다. 안현심 시인의 시들이 바로 이러한 경지로 나아가고자 하는 시인의 노력을 잘 보여주고 있다.

2. 구도자로서의 시인과 언어라는 고행

시인이 구도자와 같다고는 하지만 시인마다 추구하고자 하는 구도의 길이 같을 수는 없다. 어떤 시인들은 시를 통해 세상의 변혁을 꿈꾸기도 하고, 어떤 시인들은 세상을 넘어선 경지에 있는 초월적인 세계에 도달하기 위해 시를 쓰기도 하고, 또 다른 시인들은 쉽게 도달할 수 없는 정신적 깊이에 다가가기 위해 시적 언어를 찾아 나선다. 그렇다면 안현심 시인에게 시를 쓰는 것은 무엇일까? 다음 시가 그것을 말해 준다.

너는
지상을 유영하던
혹등고래

바람이 지날 때마다
휘파람을 잘도 불더니

등허리 달라붙은 따개비처럼
우툴두툴한 이끼를 덮어쓰고 있구나

운장산 골짜기
오래된 바다에서

늙은
휘파람 소리
아장아장 헤엄쳐온다

—「굴참나무」 전문

이 시에서의 "너"는 시인으로서의 '나'이기도 하다. "너"라고 불리는 "굴참나무"는 시인으로서의 시인 자신에 대한 비유라 볼 수 있다. 이를 통해 시인이 어떤 존재인가를 생각하게 해 준다. 안현심 시인은 굴참나무를 "혹등고래"로 비유하고 있다.

지상에 뿌리내리고 있는 굴참나무를 바다에서 자유롭게 헤엄치는 혹등고래로 바꾸어 표현하는 것에 이 시의 핵심이 놓여 있다. 비록 굴참나무가 지상에 묶여 있는 존재이기는 하지만 그 안에는 "유영하던" 자유에 대한 갈망을 품고 있다고 시인은 생각한다. "따개비처럼/우툴두툴한 이끼를 덮어쓰고" 오랜 시간을 버티며 늙어가는 것도 사실은 이 꿈이 존재하기 때문이다. 시인은 그것을 "늙은/휘파람 소리/아장아장 헤엄쳐 온다"고 아주 감각적으로 표현하고 있다. 꿈이 있는 한 늙어도 늙지 않고 자신의 전언을 담은 목소리를 내며 어린 아기처럼 다시 세상을 향해 나갈 수 있다는 것이다.

시인은 굴참나무에 자신의 정서를 이입함으로써 시인으로서의 자신의 존재 의미를 성찰하고 있다. 휘파람 소리 같은 노래인지 신음인지 탄성인지 분간할 수 언어를 통해 언어 이전의 언어 아니면 언어를 넘어선 언어를 통해 세상의 비의를 전하는 자가 바로 시인이라는 것이다. 그런데 시인이 이런 고행을 하면서까지 세상의 진실을 전해야 하는 이유는 무엇일까? 다음 시를 통해 이 질문에 대한 답을 유추해볼 수 있다.

도솔산 봉우리에서 건너다보면
나뭇가지 틈새로 아른거리는 콘크리트 설산산맥
만년설 뒤집어쓴 빙벽 동굴에는
영하 50도에도 얼지 않는 사람들이 사네

눈뜨면 사냥터로 우르르 나갔다가
해질녘이면 동굴로 기어 들어와 속옷만 입은 채
노래하고 술 마시고 책을 읽는다는
21세기의 눈사람

붕락하지 않는 빙벽,
그들의 동굴은
튼튼하네

—「아파트 설산」 전문

시인이 보기에 21세기를 살며 온갖 신문명을 구가하면서 사는 우리 모두는 갇혀 살고 있다. 그것도 "빙벽 동굴"에서 철저히 서로 차단되어 살고 있다. 현대 사회의 도시화된 삶은 많은 사람들을 한곳에 모여 살게 만든다. 벽을 하나 사이에 두고 모르는 사람과 함께 살고 오늘 아침도 수많은 익명의 타인들과 함께 지하철이나 버스에서 몸을 비비며 살고 있다. 그럼에도 우리는 그들과 아무런 관련 없이 나만의 세상에서 살고 있다. 스스로 동굴에 숨어들고 그 안에서 자신의 행복과 안위를 지키고 있다. 점점 나는 고립되어 내가 아는 세상은 나만의 세상으로 한정된다. 그렇게 해서 우리는 원자화되고 거대한 사회조직의 부속물로 소외된다. 시인이 현대인의 삶을 "아파트 설산"이라고 비유한 것에는 이 모든 함의가 다 들어 있다. 시는 바로 이 공고한 고립 "붕락하지 않는 빙벽"에 흠집을 내는 행위이다. 빙벽 넘어 새로운 세상이 있고 우리를 가두는 억압 너머 자유가 있다고 알려주는 일이다. 그러기 위해 때로 비명을 지르고 때로 휘파람을 불어 사람들의 의식을 깨우고자 하는 것이다. 그것이 시인의 역할이고 존재 이유이다. 그런 역할을 통해 도달할 수 있는 최고의 경지를 다음 시는 선명한 이미지로 우리에게 제시해 준다.

히말라야를 넘나드는 눈표범이었네
잠시 빌려 입은 사람의 가죽을
햇볕에 말리는 흰 바위였네

봉우리 넘어설 때마다
낮은 바람 소리에도 귀 열게 되기를
온전히 그대와 하나 되기를

사라나무 숲에 누워
깊고 푸른 날들을 기원하다가

히말라야 봉우리
구루가 되었네

—「붓다」 전문

"잠시 빌려 입은 사람의 가죽" 같은 모든 세속적인 욕망의 흔적을 벗어버리고 누구도 도달하기 힘든 만년설의 히말라야를 넘나들고 있는 새하얀 눈표범처럼 모든 존재들의 소리에 귀 열고 그것들과 함께 "깊고 푸른 날들을 기원하"면서 스스로 봉우리가 되고, 영적 스승인 구루가 되고 결국은 "붓다"가 되는 경지, 그것이 시인이 도달하고자 하는 가장 높은 곳이 아닌가 이 시는 말하고 있다.

3. 불확정의 아이러니와 시적 언어

위에서 최고의 시인의 경지를 "붓다"로까지 과대평가해서 말했다. 그것은 도달할 수 없다는 것을 의미한다. 시를 쓰는 과정은 그 경지로 향해 가는 부단한 몸부림과 자기반성이다. 쉽게 그 경지에 도달했음을 설파하는 시는 대부분 실패한 시일 뿐이다. 시는 도달할 목표가 아니라 탐색과 고투의 과정이다. 다음 시가 이 시인의 고뇌를 잘 말해 주고 있다.

> 숲속에서 흘러나오는 피리 소리가
> 수련 향기처럼 잠 속으로 스며들자
> 고피들은 감미로운 손에 이끌려 집을 빠져나왔네

연잎같이 생긴 당신의 손을
우리의 가슴에, 머리에 놓아주십시오

…(중략)…

여기에 크리슈나의 발자국이 있다
근데, 작은 발자국이 하나 더 있네?
작은 발자국이 계속되지 않는 걸 보니
그녀를 안고 간 것이 틀림없어
여기서는 꽃을 따려고 내려놓았을 테고
꽃으로 그녀의 머리를 땋아주었을 거야

그녀는
누구일까, 누구일까?

—「고피들의 달빛 애인」 부분

시인은 힌두교의 전설 속에서 사랑의 기술자로 등장하는 크리슈나 신을 따르는 고피들이 그에게 선택되기를 갈망하는 것처럼 자신에게 시심을 가져다줄 뮤즈에게 선택되기를 갈망한다. 흔히 시인들은 그런 순간을 "그분이 오셨다."고 표현하기도 한다. 시인이 되면 누구나 아름답고 의미 있는 시를 쓸

수 있으리라 생각하며 고피들이 크리슈나의 손에 이끌려 집을 나오듯이 일상의 답답한 세계에서 빠져나와 신비로운 언어의 숲을 헤맨다.

하지만 크리슈나에게 선택된 고피가 누군지 모르고 그저 희미한 발자국으로 남아 있는 것처럼 뮤즈에게 선택된 시인을 아무도 본 적은 없다. 다만 전설로만 남아 있을 뿐이다. 사실 시인들은 뮤즈에게 선택되었다고 전해진 시인의 흔적을 찾고 따라가는 자이다. 선택되리라고 믿는 것은 시인 자신이고 시인은 결국 선택되기를 선택하는 자이다. 어쩌면 고피들의 크리슈나가 달빛으로만 존재하는 것처럼 시인들에게 뮤즈는 앞선 시인들의 발자국에서 존재한다. "그녀는/누구일까" 묻는 질문만이 진정한 시일 것이다. 시인은 죽을 때까지 뮤즈에게 선택되기를 갈망하여 자신의 재능을 질문하고 의심하는 자이다. 이런 의심 때문에 시인에게는 확신이 없다. 모든 것이 불분명하고 모든 것이 확정적이지 않다. 그의 앞에는 갈등과 망설임과 갈망과 방황이 놓여 있다. 그 많은 번민을 통해서만 더 높은 경지 더 정갈한 언어에 도달할 수 있다.

안현심 시인에게 그런 과정은 아이러니의 언어를 통해서 이루어지고 있다. 아이러니는 흔히 반어라 하여 원래 말하고자 하는 것과 반대로 말하는 것이다. 그렇게 함으로써 강조하는 효과가 생겨난다. 하지만 아이러니가 이런 것만 있는 것은 아니다. 두 가지의 상반된 가치와 의미 사이에서의 끝없는 망설임을 보여주는 것도 아이러니의 중요한 효과이다. 흔히 그 것을 불확정성의 아이러니라고 한다.

빙하가 미끄러지는 소리일까
땅덩어리가 부딪치는 소리일까
꽃이 피어나도록 나팔고둥 불어주는 소리일까
이쪽과 저쪽 봉우리에서 주고받는 기도 소리일까

수행자의 명주 수건이 피리를 불면
얼음 주름 타고 내려와
야생화 볼을
쓰다듬는
바람,

들리는 듯 마는 듯
웅얼거리는
설산의
소리

—「히말의 소리」 전문

자연의 소리, 인간이 존재할 수 없는 "설산" 같은 완전체의 자연의 소리는 인간들의 언어와 달리 불확실하다. 그것은 "야생의 볼을/쓰다듬는" 생명의 소리이기는 하지만 인간의 언어처럼 불절적이지도, 확실한 의미를 만들어내지도 않는다. 이 불확실성이 곧 아이러니의 세계이다. 그리고 바로 이 불확정성의 아이러니를 만들어내기 위해 안현심 시인은 삐딱하게 보기를 제안한다.

지구가 23.5도 기울어
바람이 불고 사계절이 있듯
삐딱하게 바라보아야 네 발꿈치 보인다
바로 보았을 때 둥그렇던 얼굴이
올려다보면 파르르한 코스모스
고요한 뜨락에 엎드린 바람자락 보이고
참나무 껍질 속 사슴벌레가 보인다

삐딱하게 보기,
기울어져 보는 것은
어제 같은 오늘이 아니라
전혀 다른 내일을 생성하는 것

황무지에
배롱나무 한 그루
키우는 것

—「삐딱하게 보기」 전문

삐딱하게 봐야 보이지 않는 것을 볼 수 있다고 한다. 세상은 우리로 하여금 똑바로 보라고 가르친다. 어른들에게 또는 학교에서 수없이 많이 듣는 말이 세상을 똑바로 제대로 알고 바르게 살라는 것이다. 그런데 바르게 살고 바로 본다는 것은 세상의 가치에 순응해서 세상을 상투적으로 본다는 것에 다름 아니다. 이미 만들어진 질서와 규범 안에서 정해진 태도로 세상을 대하는 것이 모범적인 것이며 바로 보고 바로 사는 것일 게다.

하지만 그것만으로는 삶의 이면이나 감춰진 부분이나 눈에 띄지 않는 내밀한 것을 보지 못한다. 모든 삶에는 양면이 존재하는데 모범적인 시선은 한쪽에 대한 시각을 애써 가리는 것이다. 모범적인 태도를 무시하거나 위반하는 삐딱한 시선만이 "어제와 같은 오늘"의 삶의 상투성을 넘어서 사물의 양면을 보게 되고 결국 사물의 진실에 도달할 수 있다. 바로 그것이 불확정성의 아이러니이다. 이 아이러니를 만들어내는 언어가 시가 되고, 시인은 그런 노력을 통해 전혀 다른 내일, 새로운 삶에 대한 희망, 즉 "황무지에/배롱나무 한 그루/키우는" 자가 된다. 다음 시의 거꾸로 걷기도 아이러니를 만들어내는 또 하나의 방법이다.

늘 다니던 동네 산길을
오늘은 반대쪽에서 올라왔더니
몸뚱어리가 볼멘소리로 말했어요
주인님, 이쯤에선 발걸음이 날랬는데
비탈이 가파르고 바람 알갱이가 거칠어
숨이 차고 다리가 후들거리네요
몸뚱어리에 기억된 근력의 지도를
바람이 흐트러뜨렸나 봐요

익숙하다는 건
눈감고도 걸을 만큼 단순해지는 것
가쁜 숨 몰아쉬지 않고 비탈을 넘는 것

보이네요,

거꾸로 가는 산길에서
뒤태가 오동통한
하얀 궁둥이

—「거꾸로」 전문

거꾸로 걷는 것으로써 시인은 익숙한 세계에 균열을 만들어낸다. 자신이 보지 못했던 것을 보고, "몸뚱어리에 기억된"

상투성의 인식을 벗어나는 경험을 하게 된다. 세상은 우리에게 똑바로 걷고 정해진 것만 보도록 강요한다. 그래야 모범적인 시민으로 성공한 삶을 살게 된다고 가르친다. 그래서 학교도 가고 공부도 하고 시험도 보고, 이런 것을 통해 규칙과 질서를 교육받는다. 그러는 사이 우리는 다른 한쪽의 세상을 보지 못하고 외눈박이의 삶을 살게 된다. 이 시는 "거꾸로" 걷기를 통해 세상을 뒤집어보는 그래서 불확정성의 아이러니로 세상을 그려내려는 시 쓰기에 다름 아니다.

4. 맺으며

안현심의 시를 읽으면 시가 무엇인가, 다시 생각하게 된다. 시인들은 언어 속에서 길을 찾고 삶의 의미를 만든다. 하지만 언어의 숲을 헤매다 종종 길을 잃는다. 새로운 나뭇잎이나 아름다운 꽃을 보다 숲에서 길을 잃는 것처럼 새로운 언어를 찾아 나서다 삶의 의미도 말의 힘과 역할도 망각한 채 언어의 유희에 빠져들기 십상이다.

안현심의 시는 하나의 가치에 함몰되지 않고 외눈으로만 세상을 보지 않고 끝없이 세상의 본 모습에 다가가려는 불확정성의 아이러니를 통해 말의 유희에서 벗어나 불확실한 세상의 진실을 찾아 나선다. 그것은 힘든 구도의 과정이기도 하고 자신의 세속적 욕망을 털어버리려는 정신적 경지에 다다르려는 노력이기도 하다. 그러므로 그것은 고통을 받아들여야 하는 형극의 길이기도 하다. 이런 시 쓰기의 고통에 무력함을 느낄 때 안현심의 시를 읽으면 시를 쓰고자 하던 때의 초심을 다시 돌아보게 될 것이다. 안현심 시인 역시 그 초심을 강조하고 있다.

열다섯 살,
마술에 걸린 분홍의 계절

내 생이 아름다운 것은
아직 그 소년이
살고 있기 때문입니다

—「열다섯 살」 부분

시 쓰기는 "열다섯 살 소년"의 순수를 내 안에 살게 하는 일이다. 소년의 불안과 번민과 아름다움이 함께하는 세상을 꿈꾸는 일이다. 그것은 추상적 질서와 규칙이 성공이라는 단 하나의 가치가 지배하는 어른들의 세계와는 다른 세계이다. 그 어릴 적 순수했던 초심을 잃지 않고, 불안한 아이러니의 언어로 힘들게 전하는 세상의 비의를 읽게 되는 행복을 알게 된다는 것은 이 시집 독자들의 큰 행운이기도 하다.

문학의전당 시인선 349

아직 그 소년이 살고 있기 때문입니다

초판 1쇄 인쇄 2022년 4월 8일
초판 1쇄 발행 2022년 4월 15일

지은이 안현심
펴낸이 고영
디자인 헤이존
펴낸곳 문학의전당
출판등록 제448-251002012000043호
주소 충북 단양군 적성면 도곡파랑로 178
전화 043-421-1977
전자우편 sbpoem@naver.com

ISBN 979-11-5896-548-8 03810